Editora Gente

máximas e minimas da
comédia corporativa

Max Gehringer

Editora Gente

Editora
Rosely M. Boschini

Coordenação editorial
Elvira Gago

Produção
Tiago Cintra Silva

Assistente de produção
Isabela Helou D. Andrade

Projeto gráfico e diagramação
Marcelo Souza Almeida

Capa
Eduardo Pastor
(montagem com foto do autor, de Raul Junior e foto da Keystone)

Fotos de miolo
Keystone

Revisão
Maria Alayde Carvalho

Impressão e acabamento
Quebecor World São Paulo

Copyright © 2003 by Max Gehringer

Todos os direitos desta edição
são reservados à Editora Gente.
Rua Pedro Soares de Almeida, 114
São Paulo, SP, CEP 05029-030
Telefax: (11) 3675-2505
Site: http://www.editoragente.com.br
E-mail: gente@editoragente.com.br

Dados Internacionais de Catalogação na Publicação (CIP)
(Câmara Brasileira do Livro, SP, Brasil)

Gehringer, Max
 Máximas e mínimas da comédia corporativa / Max Gehringer — São Paulo : Editora Gente, 2003.

 ISBN 85-7312-409-1

 1. Administração - Humor, sátira etc. 2. Carreira profissional - Administração 3. Comportamento organizacional - Administração I. Título.

03-6056   CDD-658.00207

Índices para catálogo sistemático:

1. Humor e sátira : Administração   658.00207
2. Sátira e humor : Administração   658.00207

Prefácio

Ah, que saudade do século XV... Naquela época, todo e qualquer livro publicado era um *best seller* (expressão inglesa que, em português, significa *best-seller*). Porque os livros eram inteiramente manuscritos, e isso fazia com que a tiragem total de cada edição (um exemplar) fosse inteiramente vendida.

E, já naquela época, todo livro começava com um prefácio ou, dependendo do nível de intelectualidade e de frescura do escriba, um prolegômenos. Era um texto curto, em que o autor já começava se explicando: "Juro que não pretendo ofender ninguém com este livro". Contribuiu bastante para a popularização dos prefácios o fato de que os livros sem prefácio eram imediatamente incinerados em uma fogueira pelo pessoal da Santa Inquisição. O que, para os autores rebeldes, seria até aceitável. O problema é que os autores rebeldes eram queimados junto com seus livros.

Os tempos agora são outros, mas os prefácios até que sobreviveram bem. E eu acho que sei o motivo: num mundo em que nós vivemos continuamente pressionados para ser cada vez mais rápidos e mais eficientes, os prefácios são uma maneira de dizer que não queremos ir direto ao assunto. Queremos enrolar um pouco antes. É o que, num ato sexual, chamaríamos de *foreplay* (tradução: prefácio). Aquele prólogo, sabe? Aquele proêmio, um exórdio aqui, um anteâmbulo ali... Até que finalmente, e mansamente, chega a hora do vamos-ver. Então, vamos ver este livro. Ou você já estava começando a pensar em outra coisa?

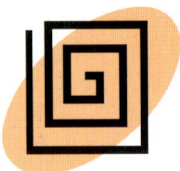

Em entrevistas,
há respostas verdadeiras e há respostas adequadas. O "candidato ideal" é o que consegue fazer as respostas adequadas soarem verdadeiras.

As estatísticas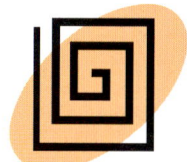

provam que 93% das decisões erradas são tomadas por quem acredita em estatísticas.

O pessimista
acha que sucesso é algo
que jamais acontecerá.

O otimista
acha que sucesso é algo
que ainda não aconteceu.

Já o **realista** não acha
nada, apenas trabalha para que
o sucesso aconteça.

Uma verdade dita

em tom de voz formal e sem emoção terá menos credibilidade do que uma mentira sussurrada.

Psiquiatria é a ciência
que explica o que todo mundo sabe, mas de uma maneira que ninguém entende.

A mulher do marido machão

estava conseguindo o que ele afirmava que a esposa jamais conseguiria – construir uma carreira de sucesso. Ela chegava tarde em casa, viajava a negócios, e ele, sentindo-se ameaçado em seu papel de cabeça-de-casal e provedor do lar, resolveu reagir. E passou a noite em claro fazendo contas. Botou no papel o que ele ganhava, o que ela ganhava e de quanto eles precisavam para manter o padrão de vida. E na manhã seguinte, bem cedo, encarou a mulher:
– Liz, assim não dá! Nossa geladeira está vazia. Nem as compras do mês você faz mais!
– Não tem dado tempo, né? Você sabe, eu sou uma executiva e...
– Pois de hoje em diante eu não vou mais admitir que falte margarina nesta casa!
– É?
– É, sim, senhora! E tem mais. Resolvi tomar uma atitude!
– E posso saber que atitude é essa, Roberval?
– *Tou* indo agora mesmo ao supermercado, amor...

Boa formação

acadêmica e fluência em vários idiomas são dois fatores que aumentam muito as possibilidades de alguém ser despedido sem que a empresa consiga encontrar uma boa justificativa.

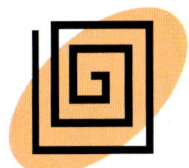 ***Quanto maior for***
o erro, mais criativa será a explicação.

Motivação é o que faz uma tartaruga acreditar que realmente tem alguma chance numa corrida contra o coelho. Mas é também o que faz o coelho acreditar que a tartaruga não tem chance alguma.

Nós dizemos que uma pessoa ***não tem espírito de equipe*** quando ela se recusa a compartilhar a culpa de nosso fracasso.

Ter dinheiro de nada adianta se **não houver amigos** por perto. Uma preocupação que, até hoje, nenhum milionário ainda precisou ter.

Só há dois tipos de reunião: as importantes, que a gente sempre vai lembrar, e as outras, as que caem rapidamente no esquecimento. É por esse motivo que 99% das reuniões têm de ser registradas em ata.

Se seu chefe

lhe disser que sua idéia já foi tentada antes e não funcionou, ele pode ser: a) ***incompetente,*** b) ***ultrapassado*** ou c) ***invejoso***. De qualquer forma, não insista nem reclame. O fato de seu chefe ainda estar na empresa significa que já tentaram contrariá-lo antes, e não funcionou.

Em qualquer reunião, há dois personagens infalíveis: os que ficam **_fazendo estrelas no papel_** e os que ficam **_fazendo papel de estrelas_**.

Sincera é a pessoa que diz a verdade sobre os outros. Enxerida é a pessoa que diz a verdade sobre nós.

Não deixe para aprender **amanhã** o que você puder aprender **hoje.** Menos em informática, porque tudo o que você iria aprender hoje já ficou obsoleto ontem.

– Aquela sua apresentação para a diretoria é hoje?

– É. E o pior é que eu estou com uma enxaqueca danada.
– Isso não é nada. E eu, que tenho tendinite?
– Se eu tivesse tendinite, estaria soltando rojão. Meu colesterol está na estratosfera.
– Meu irmão também tem colesterol alto. Teve que entrar numa dieta braba.
– Eu acho que meu problema é de estresse. Umas férias resolvem.
– No ano passado, eu fui para Fernando de Noronha. Recomendo.
– Vou pensar. Mas do que é que a gente estava falando mesmo?
– Da sua apresentação.
– É verdade, eu tinha esquecido.
– Qual é o tema?
– "Como manter sempre o foco e nunca se desviar do objetivo."

MBA
é o que dá a uma abóbora o direito de ser chamada de *pumpkin*.

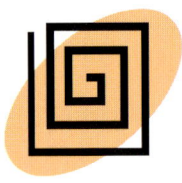

Se você está numa longa fila e a pessoa bem à sua frente sai da fila, e isso

faz você se sentir feliz,

é sinal de que está na hora de rever seus conceitos de felicidade.

Se você fizer algo
extremamente bem-feito,
e antes do tempo requerido, todo mundo vai ficar com a impressão de que foi fácil.

"Funcionário insubstituível"

é o nome que se dá a alguém cuja função ninguém mais está interessado em assumir.

"Comportamento social"
é o que diferencia quem tem coceira de quem conhece as regras para se coçar.

A aplicação prática de qualquer novo conceito de gestão se divide em três fases: a) **fase "nós"** – é exatamente o que *nós* estávamos precisando; b) **fase "eles"** – é mais complicado do que *eles* imaginavam; c) **fase "eu"** – desde o início, *eu* avisei que isso não ia dar certo.

O nível dos profissionais do mercado de trabalho deve estar chegando muito próximo da perfeição. Segundo as comunicações internas que as empresas emitem quando um novo funcionário é contratado, **100% dos admitidos nos últimos dez anos** possuem todas as qualidades e nenhum defeito.

Basta folhear uma enciclopédia para constatar o óbvio: **a cada geração, o mundo progride um pouco mais.** O interessante é que vemos isso claramente quando somos filhos, mas começamos a duvidar quando nos tornamos pais.

Chama-se de **"um plano absolutamente perfeito"** aquele que não poderá ser posto em prática por falta de recursos.

Arquivos são as evidências mais concretas de que **98% *do que escrevemos*** é essencial para sustentar as empresas que fabricam arquivos.

Ética é o que impede o funcionário de fornecer aos concorrentes informações confidenciais sobre a empresa. Já ***vantagem competitiva*** é obter as mesmas informações confidenciais sobre os concorrentes.

Regra número 1 do trabalho em grupo:

quanto mais óbvia for uma conclusão, mais tempo um grupo de trabalho levará para chegar a ela.

Parecer impressiona mais do que ser. Alguém naturalmente sincero sempre soa menos convincente do que alguém capaz de
fingir sinceridade.

Brandão, o gerentão, rei da motivação, reuniu a equipe e soltou os cachorros:

– Já que vocês não estão conseguindo os resultados por bem, então vão conseguir na porrada! Vocês são um bando de frouxos! Quem quiser topar uma briga é só vir aqui na frente!

E um vendedor, o Braga, vulgo Mão-de-Marreta, levantou-se lá do fundo da sala e veio caminhando lentamente na direção do Brandão, que se inflamou mais ainda:

– O.k., quer dizer que temos um valente nesta sala! E agora, alguém aí vai querer encarar o meu amigo Braga?

A primeira viagem paga pela empresa ninguém esquece.

Ainda mais se for para a Europa.
E mais ainda se o viajante for um emergente cultural. A Dora, esposa do Teixeira, era. E, deslumbradíssima, estava relatando sua primeira experiência internacional para a amiga Sílvia.
– Visitamos dezoito países em onze dias, Sílvia! Um luxo!
– E onde vocês se divertiram mais?
– Ah, em Paris, com certeza.
– Vocês viram a *Mona Lisa* no Museu do Louvre?
– Sabe que eu não me lembro? Ela estava em nosso ônibus, Teixeira?

Em terra de **perdedores,** quem empata é rei.

Todo cuidado é pouco. Se o destino lhe der um ***limão***, cheque o prazo de validade.

Dinheiro não traz felicidade, mas não vamos colocar o carro à frente dos bois: primeiro a gente consegue o dinheiro e depois discute a filosofia.

Cada nova pessoa chamada para ajudar a **resolver um problema** tende a contribuir com um novo detalhe que vai aumentar o tamanho dele.

Muita gente fala em comprometimento com a empresa,

mas funcionário comprometido, mesmo, até hoje eu só vi um. O Alencar. Ele trabalhava dezoito horas por dia, sete dias por semana, o ano inteiro. Nunca tirou férias na vida. Mas tem muita gente assim por aí. O que realmente diferenciava o Alencar do resto dos comprometidos que eu conheci foi um simples episódio. Um dia, o Alencar sente uma dor no peito. Sua visão começa a embaçar, as pernas a cambalear, o batimento cardíaco dispara. Aí, o Alencar se apóia na mesa e chama sua assistente:

— An...géli...ca!

A Angélica entra na sala e depara com aquela cena terrível.

— Doutor Alencar, não se mexa! Vou ligar já para o médico!

— Nã..ão...

— Como assim? Se eu não fizer nada, o senhor tem no máximo mais um minuto de vida!

— Você acha mesmo?

— Acho! Sério!

— Nesse caso, apresse aquela ligação que eu pedi para nosso escritório de Miami...

A funcionária recém-contratada

estava conhecendo a empresa, conduzida pelo gerente. E notou uma placa enorme na parede do escritório. Na parte de cima, estava descrita a "Nossa Missão". Na parte de baixo, a "Nossa Visão". Aí, ela leu tudo e comentou com o gerente:
— Que lindo! Eu sempre quis trabalhar em uma empresa assim, que tem ética, tem valores, tem responsabilidade social, tem...
— Pode parar, minha filha. Nós realmente temos tudo isso, mas o que faz a nossa empresa ser líder de mercado não é a Nossa Missão nem a Nossa Visão.
— E o que é então?
— A Nossa Pressão.

Uma coisa é certa: nas empresas ainda existem muitas pessoas de bons princípios. Tudo o que elas começam **não conseguem terminar.**

Para quem não esqueceu as aulas de Gramática do ensino fundamental, os verbos paradigmas são três: ***amar***, ***vender*** e ***partir.*** Na vida profissional, a lição continua a mesma: amar a empresa como se fosse a única, vender o peixe com sabedoria e partir para outra no momento certo.

Dominar a informática

é simples, tão simples quanto andar de bicicleta. Uma com vinte pedais.

O corpo humano é composto de **8% de matéria sólida** e **92% de água**. Deve ser por isso que as empresas encontram tantas dificuldades para se manter enxutas.

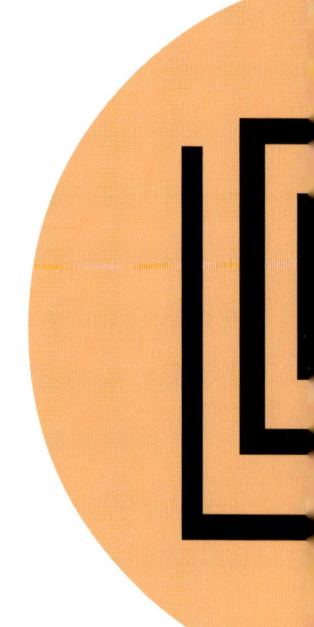

"Estratégia mercadológica"
é a capacidade de repetir o mesmo erro ano após ano, mas sempre com base em novos dados.

"Momento de indefinição na carreira"
é o nome que se dá àquele momento em que uma pessoa se considera, ao mesmo tempo, muito velha para tentar e muito jovem para desistir.

As empresas que adotam **a filosofia do empreendedorismo** incentivam o funcionário a pensar e decidir como se a empresa fosse dele. Para quem acredita que isso realmente funcione na prática, há um teste bem simples: comunicar ao próprio chefe que ele está despedido por incompetência.

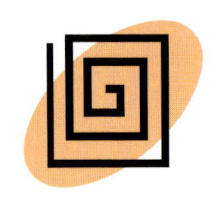

Do jeito que as coisas andam complicadas, quem consegue juntar a lógica à simplicidade tem pouquíssimas chances de **ser entendido.**

– Chefe, estou lendo este novo manual que a empresa distribuiu e aqui tem uns termos que eu não entendi direito. O senhor poderia me explicar?
– Manda lá.
– O que é "excelência de desempenho"?
– A comparação com qualquer um que seja pior que nós.
– E "liderança interativa"?
– A constatação de que ninquém aqui conseque decidir nada sozinho.
– "Plano contingencial"?
– O que deveria ter sido o plano original.

– "Visão de longo prazo"?...

– O que não temos coragem de fazer já.
– Desculpe dizer isso, mas o senhor é muito cínico!
– Não, senhora. Segundo esse mesmo manual que você está lendo, eu sou um "gestor com opiniões diversificadas e heterodoxas".

A evolução da avaliação individual de um funcionário pode ser resumida assim:

Década de 1970 (fase de levantamento de expectativas):
– Senta aí, Túlio. Algum problema?
– Como assim?
– Certo. Nenhum problema. O próximo!

Década de 1980 (fase de valorização do indivíduo):
– Sente-se, Túlio. Você tem algum problema?
– Não.
– Tem, sim senhor. E nós vamos traçar seu perfil psicológico para descobrir qual é.

Década de 1990 (fase de ênfase nos resultados coletivos):
– Sente-se, por favor, Túlio. Você tem algum problema?
– Tenho, claro.
– Não tem, não, senhor! Nossa pesquisa de clima revelou que 94% dos nossos funcionários estão "mais que satisfeitos" com nosso ambiente de trabalho. Se você é um dos 6% que discordam, não tem um problema. Você é um problema!

Década de 2000 (fase em que todo cuidado é pouco):
– Quem mandou você sentar, Túlio?

Em uma reunião,
anote tudo o que for dito.
Isso terá efeito bastante benéfico em sua caligrafia.

"Eu não sabia"

não é desculpa. Mas "a situação não chegou ao meu conhecimento dentro de um *timing* pertinente para uma avaliação apropriada" é.

Entender um organograma é simples.
*"**Chefe**"* é o que conta uma piada sem graça.
*"**Subordinado**"* é o que ri dela.
E *"**potencial**"* é o que pede para o chefe contar outra.

Quando outra empresa tenta imitar o que a nossa já está fazendo, é **plágio.** Quando nossa empresa tenta imitar o que outra já está fazendo, é **benchmark.**

Os últimos serão os primeiros.

Numa empresa, quando algo sai errado, o último a ser informado tem grandes possibilidades de ser o primeiro a levar a culpa.

Quem só tem autonomia para cometer
erros de pequeno valor
tem menos chances de chegar a diretor.

Experiência é o processo de aprender que há várias formas de cometer o mesmo erro.

Há pessoas que *acreditam em si mesmas* e estão dispostas a pagar qualquer preço por seu lugar no futuro. O único empecilho é que o futuro não está aceitando cheque pré-datado.

Quase todos os planos infalíveis que bolamos à noite, antes de dormir, já não parecem tão maravilhosos quando acordamos no dia seguinte. Isso ocorre porque, pelas manhãs, somos acometidos por um fenômeno mental chamado *"bom senso"*.

O Brasil tem futuro. Jovens com **15 anos** de idade já precisam abrir um dicionário para descobrir o significado de "ditadura" e "inflação".

Negociação

é a arte de convencer o oponente de que ele é mais esperto que nós.

O planejamento de longo prazo

de uma empresa é tão confiável quanto uma previsão meteorológica que indicasse que, durante os próximos cinco anos, não vai chover.

A diferença entre uma conclusão e uma decisão é que
uma decisão requer um líder
e uma conclusão necessita de um grupo de trabalho.

Errar é humano. Deve ser por isso que tanta gente diz:
"Meu chefe é muito humano!

Os melhores conselhos são aqueles que recebemos quando **não precisamos deles.**

Quem sempre tem **uma boa resposta** para qualquer pergunta vai longe. Quem sempre tem uma boa pergunta para qualquer resposta vai muito mais.

Todo projeto de vital importância tem três etapas básicas: **preparação minuciosa**, **execução perfeita** e **uma boa desculpa.**

O executivo bem-sucedido morreu e foi para o céu. Chegando lá, notou horrorizado que a administração celestial estava completamente ultrapassada. Como costumava fazer na Terra, vislumbrou ali uma grande oportunidade. E conseguiu uma audiência com São Pedro:

– Pedro, meu caro, estou no paraíso só há dois dias, mas já deu para perceber que aqui todo mundo vive com a cabeça nas nuvens. Precisamos urgentemente fazer algo a respeito disso.

– O que, meu filho?

– Por exemplo, repensar a estratégia de curto prazo. Criar um sistema de descrição de cargos. Implantar programas de produtividade. Estabelecer metas e objetivos. Prospectar mercados alternativos, como o esotérico...

– Impressionante! – disse São Pedro.

– Isso significa que o nobre colega concorda comigo?

– Não. Isso significa que você terá muito futuro em nosso concorrente. Porque está descrevendo, exatamente, como funciona o inferno.

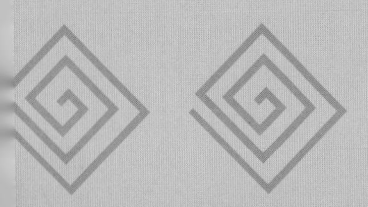

Avaliação de cargos é o seguinte:

quem pode resolver um problema com uma boa martelada sempre ganha menos do que quem pode esticar o problema escrevendo um relatório.

Não importa a função que ocupemos em uma empresa, **todos nós avaliamos a carreira profissional** exatamente como avaliamos o trânsito. Os que vão mais devagar que nós são lerdos. E os que vão mais depressa são inconseqüentes.

Cabe ao funcionário perceber o que está fazendo de certo. Porque **_o que ele faz de errado_** o resto percebe rapidinho.

Executivos sedentários, que não gostam de praticar esportes, agora podem dizer que se dedicam a uma modalidade moderna: a travessia de canal. Com um mínimo de treinamento no manuseio do controle remoto, em aproximadamente seis minutos é possível atravessar cerca de oitenta canais da TV a cabo.

Há uma diferença entre ***sabedoria*** e ***inteligência.*** Sabedoria é a consciência de que sabemos pouco ou quase nada. E inteligência é não deixar que os outros percebam isso.

"Politicamente correto" é aquele movimento que quer nos convencer de que Branca de Neve e os Sete Anões se sentiriam mais integrados à sociedade se fossem chamados de A Caucasiana Despigmentada e os Sete Indivíduos Verticalmente Prejudicados.

"Custo do avanço tecnológico" é uma empresa colocar uma pessoa para tomar conta de uma catraca eletrônica que foi instalada exatamente para substituir essa pessoa.

Quem pensa no futuro trabalha em dobro. Quem trabalha em dobro não tem tempo para
pensar no futuro.

É possível enganar poucos por muito tempo.

Ou muitos por pouco tempo. Mas é durante esse período que muita gente é promovida e pode reiniciar o processo.

Um bom indício de que uma empresa passou do limite aceitável de burocratização é abrir o arquivo e constatar que a pasta **X-Y-Z** está cheia.

Como dizia o pessimista:
"Se o sucesso estiver vindo em minha direção, é provável que eu esteja na contramão".

Em terra de cego,
não adianta trocar o aro dos óculos.

A concordância é sempre diretamente proporcional à ignorância.
Se, numa reunião, alguém propuser a implementação de uma sistemática protodinâmica para a empresa, a maioria dos presentes concordará que essa é uma possibilidade que merece ser investigada.

"Temos que ser coerentes em nossas decisões" significa que um erro não poderá ser atribuído ao **acaso** porque adotamos um processo lógico para cometer erros.

Em qualquer empresa, três quartos da massa salarial acabam no bolso de um quarto dos funcionários. De acordo com recentes pesquisas, 75% chamam isso de ***"injustiça social"*** e 25% de ***"remuneração condizente"***.

Vale a pena **ser bem-humorado,** nem que seja por preguiça. Porque ser mal-humorado dá muito mais trabalho.

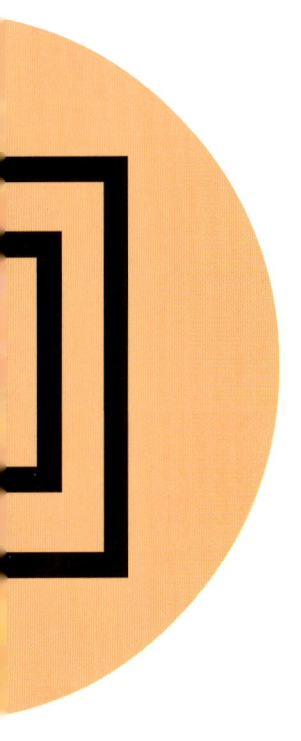

O sol nasce para todos,
mas só uma minoria vai conseguir comprar protetor solar.

"Adulto responsável"

é alguém que dá mais importância às calorias de um produto do que ao preço dele.

Palavras mudam de sentido conforme os resultados.
A **_persistência_** é o maior defeito do teimoso.
E a maior qualidade do visionário.

"Prazo final e inegociável"

é aquela data que normalmente ocorre entre uma e duas semanas depois do prazo final e inegociável.

Acreditar em Deus

é essencial. Mais essencial ainda, porém, é o que estamos fazendo para que Ele continue acreditando em nós.

Quando alguém está à beira do abismo, um verdadeiro amigo o segurará nos braços. E um **falso amigo** lhe dará conselhos sobre os próximos passos.

Uma das **vantagens da informática** é que ela realiza o sonho de todo subordinado: fazer com que o chefe se sinta um debilóide sem ser punido por isso.

A melhor solução
é sempre aquela que não se ajusta ao problema.

"Gestão obsoleta"

é aquela em que os objetivos dos funcionários são diferentes do grande objetivo da empresa. Outro dia, por exemplo, eu fui visitar uma empresa e encontrei dois funcionários cortando a grama. Perguntei para o primeiro o que estava fazendo, e ele respondeu:
– Cortando grama, meu!
Um claríssimo indício, sem dúvida, de gestão obsoleta, já que o grande objetivo daquela empresa não era cortar grama. Aí, repeti a pergunta para o segundo funcionário:
– E você, o que está fazendo?
– Estou contribuindo para aumentar nossa participação de mercado em 7 pontos percentuais.
– Mas como você consegue isso cortando grama?
– Essa é a vantagem de ser co-gestor de uma gestão não-obsoleta. Fique com meu cartão e qualquer coisa me ligue para discutirmos melhor o assunto.
– *Peraí*, você é jardineiro mesmo?
– Não, estou só fazendo bico. Sou um consultor desempregado.

A geração que está passando dos 40 anos realmente tem do que reclamar:

foi a última a apanhar dos pais, a primeira a não poder bater nos filhos e, não bastasse isso, ainda teve que extrair as amígdalas.

Quem tem **20 anos** não consegue acreditar que um dia possa ter **40 anos.** Quem chega aos 40 anos tem exatamente a mesma dificuldade.

Eu tive um assistente cuja **auto-estima** era tão baixa, mas tão baixa, que, quando sonhava com ele mesmo, dizia que tinha tido um pesadelo.

Para uma platéia, não importa que uma idéia não **seja original** desde que seja bem apresentada. Uma gravata é um pedaço de pano sem nenhuma finalidade prática, mas há doze diferentes maneiras de dar-lhe um nó.

Todo problema tem alguma solução.
E toda solução tem algum problema.

Um **progressista** é o que acha que a empresa deve mudar tudo.
Um **conservador** é o que acha que a empresa só deve mudar o progressista.

Quando a empresa resolve presentear um funcionário veterano com um relógio, a mensagem não poderia ser mais clara:
"Está na hora, meu amigo".

Gênios são pessoas com as quais não é fácil conviver. O que não significa que qualquer pessoa de difícil convivência seja um gênio.

Há pessoas que preferem um elogio descartável a uma crítica sincera. Pessoas assim são chamadas de **"*perfeitamente normais*".**

A probabilidade de alguém ser um sucesso na carreira é de praticamente 100%. Tudo depende apenas da definição pessoal de **"*sucesso*"**. Se a definição incluir **"*ficar rico*"**, aí as chances cairão para 0,2%.

O maior hipocondríaco

que eu conheci não dizia que ia fazer *check-up*, dizia que ia fazer uma pré-autópsia.

Durante **99% do tempo,** ninguém está monitorando o andamento de nosso trabalho. As testemunhas aparecem exatamente naquele 1% de tempo em que pisamos na bola.

Se você propõe seguir adiante e obtém o apoio imediato de seus colegas, **você é um líder nato.** Ou então há um buraco bem à frente.

Empresa simplificada é a que diz: ***"Precisamos falar menos e ouvir mais".*** Empresa complicada é a que diz a mesma coisa, mas aí cria um comitê estratégico para discutir a constituição anatômica do tímpano.

"Processo decisório de altíssimo nível"
é a maneira pela qual se chega a uma decisão que ninguém vai entender.

Agradecimentos

Quero esclarecer que algumas das frases contidas neste livro foram inspiradas em outras já existentes, que eu li em livros ou garimpei na Internet. E uma delas - a da página 56 - me foi sugerida, inteirinha, por meu camarada Kei Marcos. O que eu tentei fazer, em tais casos, foi dar às frases um tratamento mais adaptado às circunstâncias brasileiras.

A maioria das frases aqui coletaneadas (se essa palavra não existe, deveria existir) foi originalmente publicada nas revistas da Editora Abril para as quais eu escrevo regularmente. Principalmente *Exame* (seção Comédia Corporativa), *Você s/a* (seção Mister Max) e *VIP* (seção Vida Profissional).

Max Gehringer

É um executivo que começou sua carreira trabalhando como office-boy e chegou à presidência de grandes empresas. No auge da carreira, Max resolveu dar uma pausa na vida corporativa e se tornar escritor e conferencista, pelo prazer de contar histórias e compartilhar experiências. Suas crônicas bem-humoradas são publicadas pelas revistas *Exame*, *Você s/a* e *VIP*, da Editora Abril.